AF359347

HISTOIRE

DES TEMS

ANTÉ-DILUVIENS

HISTOIRE

DES TEMS

ANTÉ-DILUVIENS

ou

ANTÉRIEURS AU DÉLUGE D'YAO,

ARRIVÉ

L'AN 2298 AVANT NOTRE ÈRE.

PARIS,

IMPRIMERIE DE H. FOURNIER ET Cie,

RUE DE SEINE, N° 14.

—

1837.

HISTOIRE

DES TEMS

ANTÉ-DILUVIENS

ou

ANTÉRIEURS AU DÉLUGE D'YAO,

ARRIVÉ

L'AN 2298 AVANT NOTRE ÈRE.

———○———

PRÉFACE[1]

Par M. le marquis de FORTIA D'URBAN.

SUR L'ANTIQUITÉ DU MONDE.

———

CHAPITRE PREMIER.

Plan de cet ouvrage.

Le grand privilége de la religion chrétienne, celui qui lui imprime en quelque
sorte le caractère de la divinité, c'est de

---

1. La première édition de ce petit ouvrage a été envoyée
par l'auteur à l'Académie de Pétersbourg. La seconde, où

n'avoir pas connu ces tristes origines du néant, ces aberrations de principes, ces essais incertains, ces lentes progressions, ces variations fréquentes qu'ont subies tous les ouvrages humains, et d'avoir atteint sans hésitation, dans son berceau, l'*immutabilité*, l'ensemble, la perfection qu'elle offre encore aujourd'hui à l'admiration et à la reconnaissance du genre humain [1].

Ce sera donc en vain que l'on essaiera d'en détruire la base en attaquant l'un après l'autre tous les monumens historiques. La Bible, l'un de ces premiers monumens, saura bien résister à ces ten-

il a été fait quelques augmentations, a été lue à l'Académie des Inscriptions, le 22 septembre 1837, et a été envoyée à l'Académie des Antiquaires de Copenhague. Celle-ci renferme plusieurs additions importantes, entr'autres le passage d'Origènes.

1. Panégyrique de saint Louis par M. le cardinal Maury, première partie. Essai sur l'éloquence de la chaire, panégyriques, éloges et discours. Paris, 1810. II, 312.

tatives audacieuses. Mais en défendant les croyances qui nous viennent de l'histoire, il faudra les renfermer dans de justes bornes, et c'est ce que je me suis efforcé de faire.

L'entreprise dans laquelle je m'engage ici, n'est que le produit d'une longue étude qui a duré presque autant que ma vie. Entré à l'Académie des Inscriptions en 1830, j'ai cru devoir porter tous mes regards sur l'histoire, afin de m'associer aux travaux de mes savans confrères. J'ai d'abord défendu l'existence d'Homère [1], attaquée avec celle de tous les Anciens illustres qu'on a voulu transformer en tipes purement imaginaires. C'est la doctrine de Vico que j'ai combattue par des argumens auxquels je crois difficile de répondre.

J'ai remonté ensuite plus haut, et j'ai fait voir dans un Essai sur l'origine de

---

1. Homère et ses écrits. Paris, 1832.

l'Écriture [1], que cet art était connu plusieurs siècles avant Homère, qui a pu ainsi très facilement l'employer.

Ici je suis encore plus hardi. J'essaie de prouver que nous voudrions inutilement déterminer par de simples traditions le commencement de notre monde, que son existence remonte au-delà de l'histoire, et que nous ne pouvons fixer l'époque à laquelle a vécu le premier homme.

Je n'ai nullement la prétention d'attaquer nos croyances religieuses; mais je voudrais les voir mieux conçues qu'elles ne le sont communément. Je suis persuadé que la religion bien comprise ne doit repousser aucune vérité. L'Histoire est une science qui a ses démonstrations comme les mathématiques; et vouloir en combattre les récits lorsqu'ils sont bien con-

1. Essai sur l'origine de l'écriture, sur son introduction dans la Grèce, et son usage jusqu'au tems d'Homère, c'est-à-dire jusqu'à l'an 1000 avant notre ère. Paris, 1832.

statés, c'est se condamner à un scepticisme universel; c'est repousser la Bible elle-même.

Nos dogmes purement religieux ne doivent pas combattre l'antiquité indéfinie de notre monde. Sans doute beaucoup d'orateurs chrétiens, admettant la croyance commune d'une création récente, ainsi qu'ils devaient le faire lorsque rien ne s'y opposait, lorsque l'instruction peu répandue ne permettait pas même l'examen d'une question si difficile, ont mêlé cette croyance à leurs raisonnemens, comme lorsqu'ils ont dit que la terre était entourée d'eau dans laquelle se perdaient les rayons du soleil, ensorte que l'hémisphère inférieur était plongé dans les ténèbres. Les Anciens, dit fort bien M. de Genoude [1], croyaient que notre hémisphère seul était éclairé par les rayons du soleil, et que ce

1. Livre de Job dans la traduction de la Bible. Paris, 1822. VI, 392.

qui était au-dessous de notre horizon, était privé de la lumière. C'est d'après cette idée que nous lisons dans Job [1].

« Dieu trace sur les eaux qui entourent « la terre le cercle qui sépare le jour de la « nuit. »

C'est avec la même ignorance que l'on a soutenu la doctrine de l'impossibilité des antipodes, comme l'ont fait Lactance [2] et saint Augustin [3]. « Quant à ce que « l'on raconte, » dit ce dernier, « qu'il y a « des antipodes, c'est-à-dire des hommes « dont les piés sont opposés aux nôtres, « et qui habitent cette partie de la terre « où le soleil se couche quand il se lève « pour nous, il n'en faut rien croire. »

Ce fut ainsi que Galilée fut obligé d'ab-

1. XXVI, 10.

2. *Firm. Lactantii divin. Institut.*, *liber* III, *cap.* 24. *Wirceburgi*, 1783. I, 203. *Est quisquam tàm ineptus, qui credat esse homines quorum vestigia sint superiora quàm capita?* Tout son chapitre développe cette idée.

3. De la Cité de Dieu. Livre XVI, chap. 9.

jurer le sistème de Copernic, et de nier le mouvement de la terre, comme une hérésie damnable. On liait dans toutes ces occasions à nos dogmes religieux des idées qui n'en font nullement partie. L'amour de Dieu et du prochain, cette charité universelle qui compose notre bonheur de celui de tous nos semblables, cette confiance dans une providence bienfesante et rémunératrice qui nous dédommagera dans un autre monde des injustices éprouvées dans celui-ci, voilà ce qui, dans toutes les religions, mais spécialement dans nos évangiles, constitue le véritable christianisme. C'est ce que nous dit Jésus-Christ lui-même en ces termes [1] :

« Tu aimeras le Seigneur ton Dieu de « tout ton cœur, de toute ton ame, et de « tout ton esprit. — C'est là le premier et « le plus grand commandement.

____

[1]. Évangile de saint Mathieu, chapitre **XXII**, versets 37-40.

« Et voici le second, semblable à celui-
« là : tu aimeras ton prochain comme
« toi-même. — Ces deux commandemens
« renferment la loi et les prophètes. »

CHAPITRE DEUXIÈME.

Quels sont les véritables dogmes de la religion
chrétienne. Opinion d'Origènes.

Après que Jésus-Christ eut remonté au
ciel, les apôtres prêchèrent l'évangile, et,
vers l'an 36 de notre ère, ils se sépare-
rent pour répandre leur nouvelle doctrine.
Ils crurent d'abord nécessaire d'en déterminer les principaux dogmes, et ce fut
ainsi que naquit le simbole de notre foi.
Plusieurs Pères disent que ce simbole a été
donné à l'Église sans avoir été écrit, et
même qu'il était défendu de l'écrire; c'est
ce qui peut avoir occasioné la différence

qui se trouvait dans la formule de quelques églises [1]; mais dans aucun de ces simboles, il ne fut question de l'antiquité du monde, ni de l'universalité du déluge. L'évangile seul servait toujours de règle avec le simbole.

C'est donc avec raison qu'au rapport de saint Jérôme [2], le disciple bien aimé de Jésus, saint Jean l'évangéliste, épuisé de forces et cassé de vieillesse, se fesait porter, tout languissant qu'il était, sur les bras de ses disciples, pour répéter sans cesse aux fidèles assemblés, d'une voix mourante, ces paroles brûlantes d'amour :

« Mes chers enfans, aimez-vous les uns « les autres. »

Comme on se plaignait de ses redites, et qu'on lui en demandait la cause, il fit, dit

1. Abrégé de l'Histoire ecclésiastique. Paris, 1751, I, 6.

2. *Commentar. in epist. ad Galatas, lib.* III, *cap.* 6, *p.* 529 du tome VII dans l'édition des OEuvres de saint Jérôme. *Venetiis*, 1769.

I.

toujours saint Jérôme, une réponse digne de celui qui avait reposé sur le sein d'un Dieu, et qui avait pénétré les secrets de son cœur. Il répliqua :

« C'est le grand précepte du Seigneur, « et celui-là suffit, pourvu qu'il soit bien « observé [1]. »

Il ne dit rien du simbole, quoiqu'il ne soit mort que plus de soixante ans après la composition de cette règle de notre foi, l'an 100 de notre ère [2]. On pourrait donc se croire autorisé à regarder l'amour de Dieu et du prochain comme le seul dogme véritablement essentiel, ce qui nous rapprocherait de l'église grecque et des églises protestantes. Mais il est convenu parmi nous, catholiques romains, que le simbole prescrit encore d'autres croyances qui doi-

---

1. Bibliothèque choisie des Pères de l'Église, par Guillon. Paris, 1827. XX, 410. Extrait des OEuvres de saint Jérôme.

2. Abrégé de l'Histoire ecclésiastique. Paris, 1751. I, 23.

vent être admises sans restriction sous peine d'hérésie formelle.

Rien ne serait plus dangereux aujourd'hui que de vouloir encore ajouter de nouveaux dogmes à ceux qui sont contenus dans ce simbole. Ce n'était nullement l'avis d'Origènes. Ce défenseur zélé du christianisme, qui avait publié les Héxaples, c'est-à-dire une édition des Écritures saintes à six colonnes, et même les Octaples à huit colonnes [1], connaissait parfaitement les textes de nos livres sacrés. Il s'est exprimé bien formellement sur le danger de les prendre trop à la lettre en certaines circonstances. Après avoir prouvé la divinité de Jésus-Christ par diverses prophéties, il ajoute [2] :

1. Histoire ecclésiastique de Fleury, liv. VI, chap. 11.

2. *Origenis opera. Parisiis*, 1733. I, 174-176, édition du père Charles de la Rue. *De Principiis*, lib. IV. §.16. L'éditeur rapporte le texte grec de ce passage, avec la version latine de Rufin et la sienne. La traduction française a été faite sur le texte grec avec le plus grand soin

« Non-seulement tout ce qui annonce
« l'arrivée du Christ a été inspiré par
« l'Esprit saint ; mais aussi cette inspiration
« du même esprit, de l'esprit d'un seul et
« même Dieu, se retrouve dans les Évan-

par M. Emmanuel Miller, l'un de nos meilleurs hellé-
nistes. J'ai cru devoir rapporter ce texte ici.

Οὐ μόνον δὲ περὶ τῶν πρὸ τῆς παρουσίας ταῦτα τὸ πνεῦμα
ᾠκονόμησεν, ἀλλ' ἅτε τὸ αὐτὸ τυγχάνον καὶ ἀπὸ τοῦ ἑνὸς
θεοῦ, τὸ ὅμοιον καὶ ἐπὶ τῶν εὐαγγελίων πεποίηκε καὶ ἐπὶ τῶν
ἀποστόλων · οὐδὲ τούτων πάντη ἄκρατον τὴν ἱστορίαν τῶν
προσυφασμένων κατὰ τὸ σωματικὸν ἐχόντων, μὴ γεγενημένων·
οὐδὲ τὴν νομοθεσίαν καὶ τὰς ἐντολὰς πάντως τὸ εὔλογον ἐμ-
φαίνοντα. τίς γοῦν νοῦν ἔχων οἰήσεται πρώτην καὶ δευτέραν
καὶ τρίτην ἡμέραν, ἑσπέραν τε καὶ πρωΐαν χωρὶς ἡλίου γεγο-
νέναι, καὶ σελήνης καὶ ἄστρων; τὴν δὲ οἱονεὶ πρώτην καὶ
χωρὶς οὐρανοῦ ; τίς δ'οὕτως ἠλίθιος ὡς οἰηθῆναι τρόπον
ἀνθρώπου γεωργοῦ τὸν θεὸν πεφυτευκέναι παράδεισον ἐν Ἐδὲμ
κατὰ ἀνατολὰς, καὶ ξύλον ζωῆς ἐν αὐτῷ πεποιηκέναι ὁρατὸν
καὶ αἰσθητὸν, ὥστε διὰ τῶν σωματικῶν ὀδόντων γευσάμενον
τοῦ καρποῦ, τὸ ζῆν ἀναλαμβάνειν · καὶ πάλιν καλοῦ καὶ πο-
νηροῦ μετέχειν τινὰ παρὰ τὸ μεμασῆσθαι τὸ ἀπὸ τοῦδε τοῦ
ξύλου λαμβανόμενον ; ἐὰν δὲ καὶ ὁ θεὸς τὸ δειλινὸν ἐν τῷ
παραδείσῳ περιπατεῖν λέγηται, καὶ ὁ Ἀδὰμ ὑπὸ τὸ ξύλον
κρύπτεσθαι · οὐκ οἶμαι διστάζειν τινὰ περὶ τοῦ αὐτὰ τροπι-
κῶς διὰ δοκούσης ἱστορίας, καὶ οὐ σωματικῶς γεγενημένης,

« giles et dans les écrits des apôtres. Dans
« ces écrits toutefois, l'histoire nue des
« faits qui ne sont point arrivés ne doit
« pas être prise dans le sens matériel; les
« lois et les préceptes qu'on y trouve ne

μηνύειν τινα μυστήρια . ἀλλὰ καὶ Κάϊν ἐξερχόμενος ἀπὸ προ-
σώπου τοῦ θεοῦ, σαφῶς τοῖς ἐπιστήσασι φαίνεται κινεῖν τὸν
ἐντυγχάνοντα ζητεῖν πρόσωπον θεοῦ, καὶ τὸ ἐξέρχεσθαί τινα
ἀπ' αὐτοῦ . καὶ τί δεῖ πλείω λέγειν, τῶν μὴ πάνυ ἀμβλέων,
μυρία ὅσα τοιαῦτα δυναμένων συναγαγεῖν γεγραμμένα μὲν
ὡς γεγονότα, οὐ γεγενημένα δὲ κατὰ τὴν λέξιν; ἀλλὰ καὶ
τὰ εὐαγγέλια δὲ τοῦ αὐτοῦ εἴδους τῶν λόγων πεπλήρωται·
εἰς ὑψηλὸν ὄρος τὸν Ἰησοῦν ἀναβιβάζοντος τοῦ διαβόλου,
ἵν' ἐκεῖθεν αὐτῷ δείξῃ τοῦ παντὸς κόσμου τὰς βασιλείας, καὶ
τὴν δόξαν αὐτῶν· τίς γὰρ οὐκ ἂν τῶν μὴ παρέργως ἀναγι-
νωσκόντων τὰ τοιαῦτα, καταγινώσκοι τῶν οἰομένων τῷ τῆς
σαρκὸς ὀφθαλμῷ δεηθέντι ὕψους ὑπὲρ τοῦ κατανοηθῆναι δύ-
νασθαι τὰ κατωτέρω, καὶ ὑποκείμενα, ἑωρᾶσθαι τὴν Περσῶν
καὶ Σκυθῶν καὶ Ἰνδῶν καὶ Παρθυαίων βασιλείαν, καὶ ὡς
δοξάζονται παρὰ ἀνθρώποις οἱ βασιλεύοντες· παραπλησίως
δὲ τούτοις καὶ ἄλλα μυρία ἀπὸ τῶν εὐαγγελίων ἔνεστι τὸν
ἀκριβοῦντα τηρῆσαι, ὑπὲρ τοῦ συγκαταθέσθαι συνυφαίνεσθαι
ταῖς κατὰ τὸ ῥητὸν γεγενημέναις ἱστορίαις, ἕτερα μὴ
συμβεβηκότα.

ORIGEN. de Principiis, lib. IV, cap. 16.

Opp., tom. I, p. 176.

« sont point d'accord avec la raison. Quel
« homme sensé en effet pourra croire que
« le premier, le second, le troisième jour,
« le soir et le matin ont été sans soleil [1] :
« que le premier jour a pu exister sans
« ciel ? Qui est assez absurde pour penser
« que Dieu, comme un laboureur, a planté
« un jardin dans l'Éden du côté de l'Orient,
« où il aurait placé l'arbre de la vie assez
« perceptible aux ieux et aux sens pour que
« tout homme qui goûterait de ses fruits
« avec les dents du corps en reçût la vie,
« et fût initié à la science du bien et du
« mal, après avoir mangé le fruit cueilli à
« cet arbre ? Et lorsqu'il est dit que Dieu a
« marché dans le paradis en plein midi, et
« qu'Adam se tenait caché sous l'arbre, nul

1. On peut voir sur cette objection saint Augustin, Cité
de Dieu, liv. XI, chap. 7. Mais il est clair que ce Père
de l'Église, qui avait certainement beaucoup d'esprit,
n'avait aucune idée de la grandeur du monde telle que
nous la connaissons aujourd'hui ; au chap. 23, il combat
Origènes sur le principe de la création du monde.

« doute, selon moi, que cette histoire, qui
« n'est point arrivée matériellement, ne
« doive être prise au figuré, et ne ren-
« ferme un sens mistérieux. Caïn, se déro-
« bant à la face de Dieu, engage claire-
« ment la sagesse du lecteur à chercher ce
« que peut être la face de Dieu, et com-
« ment on peut se dérober à elle. Mais à
« quoi bon en dire davantage? Puisque
« chacun peut, à sa volonté, trouver dans
« l'Écriture des milliers de faits pareils,
« racontés comme ayant eu lieu, mais non
« pas dans le sens littéral. Les Évangiles, »
continue Origènes, « sont pleins d'his-
« toires du même genre : témoin le diable
« emportant Jésus sur une haute montagne
« pour lui montrer de là les royaumes du
« monde entier et la gloire de ces royaumes.
« A moins de lire ces détails avec une
« négligence extrême, comment ne point
« blâmer ceux qui s'imaginent que c'est
« avec les ieux du corps, qui doivent être
« sur un lieu élevé pour apercevoir les

« parties inférieures et les choses qui sont
« au-dessous d'eux, que Jésus a vu les
« royaumes des Perses, des Scithes, des
« Indiens et des Parthes, et la gloire des
« rois parmi les hommes? Une lecture
« attentive » conclut Origènes, « suggérera
« mille observations du même genre sur
« les Évangiles, ce qui prouve qu'aux
« histoires qui sont arrivées réellement,
« en sont mêlées d'autres qui n'ont jamais
« eu lieu. »

CHAPITRE TROISIÈME.

Profession de foi des historiens et de l'auteur
de cet ouvrage.

Telle est l'assertion d'un des principaux
soutiens du christianisme dans les ouvrages
duquel, selon l'abbé Fleury [1], on voit par-

1. Histoire ecclésiastique, liv. VI, chap. 17.

tout une grande doctrine et une grande
piété. Je sais que, cependant, à cause de
plusieurs passages de ses œuvres et peut-être
de celui-ci où les expressions me semblent
peu mesurées, Origènes n'est pas compté
parmi ceux des Pères de l'Église dont les
écrits doivent nous servir de règle. Mais
les raisonnemens qu'il fait ici ne peuvent
du moins être combattus sous ce point de
vue, qu'en fait d'histoire, la Bible ne doit
pas être prise dans un sens absolu.

Après Origènes, on a été à l'autre
extrémité ; les persécutions ont rendu le
peuple crédule, et la crédulité s'est con-
servée même après le règne de Constantin
qui la fit cesser sous quelques rapports.
Mais le christianisme étant devenu la
religion nationale, plusieurs articles, dont
on ne s'était pas occupé d'abord, furent
discutés, et l'on étendit souvent beaucoup
trop les croyances. Je me contenterai d'en
citer un exemple.

Autrefois les historiens se croyaient

obligés d'entrer en matière par une profession de foi. Grégoire de Clermont, nommé évêque de Tours en 573, expose en détail sa croyance; il dit :

« Je crois en Dieu le Père Tout-Puis-
« sant, je crois en Jésus-Christ, etc. »

Il ajoute après cela :

« Touchant la fin du monde, je crois en
« ce que j'ai appris de nos pères, c'est-à-
« dire que l'Anté-Christ introduira d'abord
« la circoncision en se donnant pour le
« Christ, ensuite il placera sa statue dans
« le temple de Jérusalem pour la faire
« adorer, etc. »

Cette dernière proposition n'est peut-être pas bien orthodoxe, et certainement elle n'est point admise dans les livres que l'on distribue aux fidèles.

Le bon Joinville, qui vivait sept cens ans après Grégoire de Tours, a fait aussi sa profession de foi en 1282; c'est un monument très curieux que la société des Bibliophiles français a découvert, et qu'elle s'est empressée de publier. « La foi, » dit l'historien de saint Louis, « est une vertu « qui fait croire fermement ce que l'homme « ne croit ni ne sait que par ouï-dire. « Ainsi que nous croyons nos pères et nos « mères qui disent que nous sommes leurs « fils, et cependant nous n'en avons pas « d'autre assurance, ainsi nous devons « croire plus fermement que nulle autre « chose terrestre, les points et les articles « qui nous sont témoignés et enseignés de « la bouche du Tout-Puissant, par tous les « Saints de l'Ancien et du Nouveau-Testa- « ment. »

Le religieux franciscain, Jacques de Guyse, mort le 6 février 1399, environ un siècle après Joinville, écrivit son histoire du Hainaut vers l'an 1380, et ne fit pas de profession de foi. Il dit seulement [1] :

____

1. Page 85 du tome Ier de mon édition.

« Je veux suivre l'usage, pratiqué par
« les écoliers et les bacheliers dans la
« faculté de théologie sacrée. Lorsqu'ils
« ont à soutenir quelque thèse en public,
« ils commencent par faire leurs protesta-
« tions. C'est pourquoi je proteste que,
« dans tout mon ouvrage, je n'entends
« dire ni écrire rien qui soit contre la foi
« catholique, contre les décisions de notre
« sainte mère Église, contre les opinions
« des docteurs sacrés et approuvés, les
« histoires saintes, louées et reçues par
« l'Église, ni contre les bonnes mœurs. »

Je fais ici la même protestation, et je
déclare que je respecte la religion de mes
pères. J'ai déjà pris l'engagement de ne
point en attaquer les dogmes, et dans le
cours d'une longue vie, d'une révolution
qui s'efforçait de renverser les fondemens
de toutes nos croyances, j'ai toujours été
fidèle à ces principes. Mais je n'ai pas cru
qu'il me fût interdit par là de m'occuper
des sciences, et d'y chercher des vérités

que la religion n'enseignait pas. On comprend aisément que la Bible n'est point une enciclopédie qui doive nous dispenser d'étudier tout ce qui peut nous être utile ou même seulement agréable. Nous pouvons donc étudier l'histoire et l'antiquité, comme le conseille saint Augustin [1]. Il y a peu de connaissances qu'il soit plus utile et plus agréable d'acquérir.

Pour y trouver la vérité, il faut se rapprocher de l'antiquité autant que cela nous sera possible. Il faut se donner un point de vue sous lequel on puisse la juger plus facilement. Remontons donc à l'époque historique des Grecs que nous connaissons assez bien.

---

[1]. Bibliothèque choisie des Pères de l'Église, tome XXI, p. 94. Extrait des OEuvres de saint Augustin.

CHAPITRE QUATRIÈME.

Opinion des Grecs sur l'antiquité du monde.

On sait qu'Hérodote, avant d'écrire sur ce sujet, avait voulu s'instruire par lui-même de tout ce qui concernait les pays dont il avait à parler. Sa véracité, qui avait été révoquée en doute, a été reconnue et prouvée par les voyageurs modernes. On a fait au moins quinze éditions de l'ouvrage où Henri Étienne l'a très spirituellement démontrée [1]. Hérodote avait séjourné en Égipte, il y avait consulté les prêtres de Saïs, regardés alors comme les plus habiles. Il avait même visité les monumens couverts d'inscriptions, qui étaient parfaite-

---

1. L'introduction au Traité de la conformité des merveilles anciennes avec les modernes, ou Traité préparatif à l'apologie pour Hérodote, l'an M. D. LXXIX au mois de mars. J'ai cette édition La première est de 1566. Le Duchat a publié la dernière à La Haye, 1737. 3 vol. petit in-8.

ment bien comprises de son tems, et dont le témoignage était irrécusable. Ce n'était qu'après s'être ainsi assuré des faits, qu'il en avait parlé aux Athéniens dont le suffrage était le plus recommandable à cette époque; et il avait lu son ouvrage dans une assemblée publique et nombreuse l'an 444 avant notre ère [1]. On lui donna sur la proposition d'Anytos la somme de dix talens évalués à 55,000 fr. d'aujourd'hui [2], mais ayant une bien plus grande valeur relative dans un tems où le sistème de crédit public, adopté aujourd'hui, mais non alors, augmentait la valeur des espèces numéraires dans le commerce.

Ce fait a été rapporté par Diyllos, historien presque contemporain [3], conti-

1. Voyez sa Vie par M. Larcher. Paris, 1802, I, LXXXV. Il cite Plutarque.

2. Éclaircissemens de M. Letronne sur les OEuvres de Rollin. Paris, 1825, p. 20.

3. Il avait écrit une Histoire de la Grèce depuis le pillage de Delphes par Philomèle, lors de la guerre sacrée,

nuateur d'Éphore de Cumes, le premier
et le seul qui eût imaginé d'écrire une
histoire universelle [1]. Diyllos, qui avait osé
la continuer, et qui était Athénien, est
certainement digne de foi sur un évènement arrivé à Athènes. Plutarque s'est
appuyé sur son témoignage pour répéter

jusqu'au tems de Démétrius de Phalère. (Note de M. Ricard
dans sa traduction de Plutarque. XI. 41.)

1. *Polybii histor.*, lib. V, ch. 33, tome II, p. 379, dans
l'édition de Schweighæuser, *Lipsiæ*, 1789 : l'histoire
d'Éphore était divisée en trente livres dont chacun paraît
avoir eu un titre particulier. Cette grande composition
comprenait une période de sept cent cinquante ans ; car
elle commençait à l'invasion des Héraclides dans le Pélo-
ponèse, onze cent quatre-vingt-dix ans avant notre ère, et
se terminait au siège de Périnthe, trois cent quarante ans
avant la même ère. Ce dernier livre n'était pas d'Éphore
même, mais de son fils Démophile qui l'ajouta après la mort
de son père. L'Histoire d'Éphore fut une des principales
sources de la bibliothèque de Diodore de Sicile. Elle fut
continuée jusqu'à la mort de Philippe de Macédoine,
l'an 336 avant notre ère, par Diyllos d'Athènes. (Hist. de
la littérature grecque, par Schœll. II, 183.) J'ai conjec-
turé que l'écrivain des Marbres de Paros avait suivi sa
chronologie. (Homère et ses écrits, p. 53.)

le même fait dans un ouvrage qu'il a composé contre Hérodote [1], et où conséquemment il n'était pas disposé à le flatter. Il fallait que les Athéniens fussent bien contens de cet historien, pour le récompenser aussi magnifiquement [2].

On sait que Platon quitta la ville d'Athènes quelques années après la mort d'Hérodote, et vraisemblablement après que son maître Socrates eût été indignement sacrifié [3], l'an 399 avant notre ère, aux poursuites de ce même Anytos qui avait si bien récompensé Hérodote. Platon voulut profiter de cette absence pour acquérir de nouvelles connaissances. Il vint, en Égipte, à Héliopolis passer treize ans

1. *Plutarchi quæ supersunt omnia. Tubingæ*, 1800. XII, 308. *De Herodoti malignitate, cap.* 26.

2. Cette observation appartient à Ricard dans sa traduction des OEuvres morales de Plutarque. Paris, 1789. XI, 429.

3. Histoire d'Hérodote. Chronologie de Larcher. Paris, 1802. VII, 678. Voyez sur Anytos le Voyage du jeune Anarcharsis. Paris, 1790. V, 472.

dans le commerce des prêtres [1]. Pendant un aussi long séjour, ils étudièrent encore mieux qu'Hérodote les antiquités de l'É-gipte, et ils en examinèrent avec attention les curieux monumens. Platon ne parla donc qu'avec certitude lorsqu'il assura que les arts étaient connus en Égipte depuis dix mille ans [2]. « Quand je dis dix mille ans, » ajoute-t-il [3], « ce n'est pas une façon de « parler; c'est dans la vérité la plus exacte.»

Je suppose qu'un Juif soit venu alors en Égipte, qu'il ait voulu s'entretenir avec Eudoxe et Platon, et qu'il leur ait présenté à tous deux ses livres sacrés dans lesquels il croyait voir une création remontant environ à trois mille six cens ans, un déluge universel remontant à moins de deux mille ans, et une dispersion des

1. Géographie de Strabon, liv. XVII, p. 806, de l'édition de Casaubon.

2. *De legibus, lib.* 2, t. 2, p. 656, de l'édition de Serranus, qui omet ce passage dans sa version latine.

3. Traduction de M. Cousin.

peuples qui s'étaient répandus dans toute la terre pour y former différens empires [1], environ depuis quinze cens ans. Certainement Hérodote, Eudoxe et Platon auraient pu répondre à ce Juif :

« Nous voulons bien vous en croire « pour ce qui regarde votre nation; nous « connaissons votre déluge, et nous savons « qu'il a produit de très grands maux, « ainsi que plusieurs autres déluges qui « l'ont précédé. Mais nous croyons aussi « à l'histoire des Égiptiens, appuyée sur « des monumens authentiques, et chez « lesquels votre législateur a puisé à peu « près tout ce qu'il savait [2]. Nous pourrons

1. Le père Pétau, dans son *Rationarium temporum*, Paris, 1636, p. 8, place la dispersion des peuples sous l'an 2387 de la période julienne, c'est-à-dire sous l'an 2327 avant notre ère. De cette année à l'an 395, il s'est écoulé dix-neuf cent trente-deux ans. Mais il faut bien quatre cens ans pour que les ouvriers de la tour de Babel aient pu former une nation.

2. *Philonis Judæi opera*, édition de Mangey, 1742. II, 80. *De vitâ Mosis.* Philon y dit que Moïse était Cal-

« lire votre histoire pour connaître les
« mœurs d'un peuple dont la civilisation
« est bien différente de la nôtre. Mais nous
« supposons que vous ne voulez pas nous
« enseigner notre origine, celle des autres
« nations, et moins encore celle du monde
« entier. »

Ce qu'Hérodote et Platon auraient pu
dire, eux qui n'étaient qu'à peu de distance
de la Palestine, est bien peu de chose
auprès de ce qu'auraient pu observer les
Chinois. Ceux-ci auraient été bien surpris
d'apprendre que leur empereur Fo - hi
était un maître ouvrier des constructeurs
de la tour de Babel [1] qui, depuis très peu

déen d'origine, mais qu'il était né et avait été élevé en
Égipte, p. 31. Il ajoute à la vérité, p. 83 , que Moïse fut
instruit, non seulement par les Égiptiens, mais encore par
les Grecs. L'éditeur observe lui-même qu'il y a ici un ana-
chronisme évident, puisque les Grecs contemporains de
Moïse venaient au contraire s'instruire en Égipte.

1. L'Art de vérifier les dates, avant Jésus-Christ, fait le
monde beaucoup plus ancien que le père Pétau, afin de ne
pas trop contredire l'histoire de la Chine. Il dit (Paris,

de tems, était venu fonder un empire dans le nord de la Chine, lui qui, si l'on admet la chronologie du père Pétau, a vécu plus de cinq cens ans avant le déluge de Noé.

CHAPITRE CINQUIÈME.

Conversation de l'empereur de la Chine avec un voyageur arabe.

Ici je n'ai pas besoin de prêter un dis-cours aux Chinois. Nous pouvons les en-

1819, IV, 3, de l'édition in-8°) que les enfans de Sem partirent de Sennaar, après la confusion des langues. Il ajoute, p. 6, que Chin-nong, successeur de Fo-hi, monta sur le trône l'an 2838 avant notre ère; or, il place (I,337) la confusion des langues l'an 2907 avant notre ère, 69 ans avant le règne de Chin-nong. Ainsi, Fo-hi, prédécesseur de Chin-nong, devait être venu lui-même de Sennaar. Mais si l'on admet la chronologie du père Pétau, qui paraît la mieux raisonnée d'après le texte de la Bible, le déluge n'a eu lieu que l'an 2329 avant notre ère, 509 ans après le commencement du règne de Chin-nong.

tendre parler eux-mêmes. Eusèbe Renaudot
a traduit de l'arabe les anciennes relations
des Indes et de la Chine, par deux voyageurs arabes qui y furent dans le neuvième
siècle [1] .C'était alors que les Khalifes de
cette nation gouvernaient l'Égipte, la
Sirie et la Perse. Le célèbre Motassem
venait de fonder sur le Tigre la ville de
Samarrah ou Sermenrai, à douze lieues de
Bagdad [2]. Il y avait établi le siége de son
empire [3], ce qui l'avait rapproché de
l'Inde et de la Chine.

Le second de ces voyageurs dit avoir
connu un vieillard [4] de Bassora, de la

1. Paris, 1718. Un volume in-8º. Le manuscrit arabe,
traduit par Eusèbe Renaudot, existe encore à la Bibliothèque
royale, ancien fonds, nº 597, pages 57 et 59. On croit
qu'il fait partie de l'ouvrage de Mas'oudy, mort l'an 956.

2. L'Art de vérifier les dates, depuis la naissance de
Notre-Seigneur. Paris, 1818. V, 159.

3. Histoire de l'expédition française en Égypte. Paris,
1830-1836. II, 154.

4. Fort âgé quand les voyageurs l'ont vu, p. 64 de la
Relation.

tribu de Koreich, appelé Ebn-Wahab, et répète ce que lui avait dit ce vieillard : je rapporterai la traduction dans ses propres termes :

« Étant sorti de Bassora, lorsque la « ville fut saccagée, Ebn-Wahab vint à « Siraf, où il trouva un vaisseau prêt à « faire voile vers la Chine. Il lui prit envie « de s'embarquer sur ce même vaisseau, « qui le transporta à la Chine; il eut en-« suite la curiosité d'aller à la Cour de « l'empereur » qui devait être alors Siven-song, de la dinastie des Tang, victorieuse des Tartares [1].

« Étant parti de la ville de Canfou, » sans doute celle que nous appelons aujour-d'hui Canton, « il se rendit, après un « voyage de deux mois, à Cumdam, » c'est-à-dire à Si-ngan, alors la capitale de la Chine [2].

1. L'Art de vérifier les dates, depuis la naissance de Notre-Seigneur. VIII, 441.

2. Page 182 de la Relation. Le père Parrenin corrige ici Eusèbe Renaudot qui traduit *Cumdam* par Nankin.

« Il demeura long-tems à la Cour de
« l'empereur, et il présenta pendant ce
« séjour plusieurs requêtes dans lesquelles
« il écrivait qu'il était de la famille du
« prophète des Arabes. Après un long
« espace de tems, l'empereur ordonna
« qu'il fût logé dans une maison qu'on
« lui marqua, et qu'on lui fournît toutes
« les choses dont il aurait besoin. Cepen-
« dant l'empereur écrivit au gouverneur
« de Canton pour lui commander de s'in-
« former avec soin auprès des marchands,
« touchant la parenté que cet homme
« prétendait avoir avec le prophète des
« Arabes. Le gouverneur de Canton con-

L'empereur dont il est ici question résidait, dit ce missionaire très instruit, non à Nankin, mais à *Si-ngan-fou*,
dans les montagnes, dont l'accès est très difficile, à peu
de distance du Tibet (Lettres édifiantes. Tome **XXI**,
p. 170). Ainsi, l'on ne doit pas être surpris que les eaux
du déluge d'Yao ne soient pas montées jusqu'à cette ville,
ce qui confirme le discours de l'empereur. C'est la capitale
du *Chen-si*. Elle s'appelait alors *Tchang-ngan*. *Ibid.*,
p. 169.

« firma par ses lettres la vérité de ce
« qu'avait dit Ebn-Wahab sur son extrac-
« tion; l'empereur lui donna audience, et
« lui fit de riches présens avec lesquels il
« revint en Irak, » c'est-à-dire en Perse,
sans doute à Samarrah...

« Lorsqu'il eut audience, l'empereur de
« la Chine lui fit plusieurs questions sur
« les Arabes, et lui demanda particulière-
« ment comment ils avaient détruit le
« royaume des Perses? Ebn-Wahab lui
« répondit que c'était par le secours de
« Dieu, et parce que les Perses étaient
« engagés dans l'idolâtrie, adorant les
« astres, le soleil et la lune, au lieu d'a-
« dorer le vrai Dieu. A quoi l'empereur
« répliqua que les Arabes avaient conquis
« le royaume le plus illustre qui fût sur la
« terre, le mieux cultivé, le plus riche, le
« plus fertile en beaux esprits, et dont la
« réputation était la plus étendue. Il lui
« demanda ensuite : Quelle estime fait-on
« parmi vous des autres rois de la terre?

« — A quoi l'Arabe répondit qu'il ne les
« connaissait pas.

« L'empereur dit à l'interprète : Dis-lui
« que nous ne fesons état que de cinq rois ;
« que celui dont le royaume est le plus
« étendu est celui qui est maître de l'Irak, »
le vingt-neuvième Khalife Mothavacel,
« parce qu'il est au milieu du monde, et
« qu'il est environné des États des autres
« rois [1]. Nous trouvons qu'il est appelé

1. Il est peu vraisemblable que l'empereur de la Chine
ait placé le khalife avant lui, à moins que ce ne soit par
politesse pour les Arabes. Le père Parrenin critique vive-
ment la relation d'Eusèbe Renaudot, p. 158 de sa lettre
attribuée au père Prémare, par M. Abel Remusat, dans
l'article de ce missionaire, qu'il a fourni à la Biographie
universelle Mais le père Parrenin, dont la critique est
bien meilleure que celle du père Prémare, ne doit pas
être confondu avec lui. On pourrait croire que M. Remusat cite la nouvelle édition des Lettres éd.fiantes,
publiée à Paris, en 1781 ; mais le tome XI de cette édition ne renferme aucune lettre du père Prémare, ni du
père Parrenin. Le tome XII qui continue le tome XI de
l'ancienne édition ne donne non plus aucune lettre de
ces deux missionaires.

« parmi nous le ROI DES ROIS. Après lui
« nous mettons notre empereur, qui est
« ici présent; et nous trouvons qu'il est
« appelé le ROI DU GENRE HUMAIN, parce
« qu'aucun des autres rois n'a une puis-
« sance ni une autorité plus absolue sur
« ses sujets, et qu'il n'y a pas de peuple au
« monde plus obéissant ni plus soumis à
« ses souverains, que le peuple de ce pays.
« Nous sommes donc, en cette manière,
« le roi des hommes. Après nous est le roi
« des Turcs [1]. » En effet c'est déjà à cette
époque reculée que la place était largement
faite en Asie à cette nation guerrière et
immense, appelée tantôt Turke, tantôt
Tartare, et qui comprenait les Turkomans,
les Mogols et les Tartares proprement dits.
Cette race occupait alors tout le nord de
l'Asie, depuis le fleuve Gihoun ou Oxus,

______

[1]. Eusèbe Renaudot dit les Turcs. Nous dirions les
Tartares.

jusqu'au Kathay, c'est-à-dire des frontières musulmanes jusqu'à la Chine [1].

« Après nous, » continue l'interprète de l'empereur, « vient le roi des Turcs, dont « le royaume touche à nos frontières ; et « nous l'appelons LE ROI DES LIONS. Ensuite « LE ROI DES ÉLÉPHANS qui est le roi des « Indes, que nous appelons LE ROI DE LA « SAGESSE,' parce qu'elle tire son origine « des Indiens. Ensuite nous mettons le roi « de Grèce, que nous appelons LE ROI DES « HOMMES, parce qu'il n'y a pas sur la « terre des hommes de meilleures mœurs, « ni qui aient meilleure mine que ses « sujets. Ce sont là, ajouta-t-il, les plus « illustres de tous les rois, et les autres ne « leur sont pas comparables. »

1. Histoire de l'expédition française en Égypte. Tome II. Histoire ancienne de l'Égypte, traduite de l'arabe, par M. Marcel, p. 152.

CHAPITRE SIXIÈME.

L'empereur de la Chine nie le déluge universel
et la croyance d'une création récente.

« Ensuite, » dit Ebn-Wahab, « il or-
« donna à l'interprète de me demander si
« je connaissais mon maître et mon sei-
« gneur, voulant signifier le prophète, et
« si je l'avais vu?

« Je répondis : Comment aurais-je pu le
« voir, puisqu'il est devant Dieu?

« Il répliqua : Ce n'est pas cela que je
« veux; mais je demande quelle était sa
« figure?

« Je répondis qu'il était très beau,

« En même tems il fit apporter une
« grande cassette : et l'ayant ouverte, il en
« tira une autre plus petite, qu'il mit de-
« vant lui, et il dit à l'interprète : Fais-lui
« voir son maître et son seigneur.

« J'aperçus dans la boîte les images des

« prophètes, et je remuai les lèvres, en
« fesant tout bas la prière pour honorer
« leur mémoire.

« L'empereur ne croyait pas que je pusse
« les reconnaître, et il dit à l'interprète :
« Demande - lui pourquoi il a remué les
« lèvres ?

« Je répondis que je fesais la prière en
« mémoire des prophètes.

« L'empereur me dit : A quoi les con-
« nais-tu ?

« Je répondis que je les connaissais par
« la représentation de leurs histoires.
« Voilà, poursuivis-je, Noé dans l'arche,
« qui fut délivré, ainsi que ceux qui étaient
« avec lui lorsque Dieu envoya les eaux
« du déluge, et il peupla ensuite toute la
« terre avec ceux qui étaient dans l'arche.
« En même tems je fis le salut ordinaire à
« Noé et à ceux de sa compagnie.

« L'empereur se mit à rire, et me dit :
« Tu ne t'es pas trompé au nom de Noé,
« et tu l'as bien nommé ; mais pour ce qui

« regarde le déluge universel, c'est ce que
« nous ne croyons pas. Il est bien vrai que
« le déluge a inondé une partie de la terre;
« mais il n'est pas venu jusqu'à notre pays,
« ni même jusqu'aux Indes.

« Il dit après cela : Quelle est votre
« opinion touchant l'âge du monde?

« Je lui répondis que les opinions étaient
« différentes sur ce sujet; que les uns
« disaient qu'il avait six mille ans; que les
« autres lui en donnaient moins, et les
« autres plus; mais qu'il avait au moins
« l'antiquité que j'avais dit.

« L'empereur et son premier ministre
« qui était auprès de lui, éclataient de rire,
« et l'empereur dit plusieurs raisons pour
« prouver qu'il n'était pas satisfait de ce
« que je lui avais répondu [1]. »

On voit qu'à cette époque l'empereur

---

[1]. On trouvera plus de détails sur ce sujet dans la
Relation que je cite, p. 70. Je ne rapporte cette conversation qu'abrégée, pour ne pas fatiguer le lecteur, mais
sans rien ajouter au texte.

de la Chine, qui cependant paraît fort instruit, ne croyait ni à l'universalité du déluge, ni à une création récente que nos livres élémentaires rapprochent encore, puisque le parent de Mahomet reconnaît que le monde avait au moins six mille ans lorsqu'il parlait, c'est-à-dire vers l'an 85o, tandis que nous ne lui en donnons que quatre mille huit cent cinquante quatre à cette époque [1] ; sur lesquels il faut ôter seize cent cinquante-six ans pour le tems écoulé avant le déluge, et cent cinquante ans pour celui qui s'est passé avant la dispersion des peuples, en sorte que, suivant cette tradition juive, l'Égipte, par exemple, n'a pu commencer à être peuplée que deux mille cent quatre-vingt-dix-huit ans avant l'ère chrétienne. En admettant qu'il a fallu seulement deux cens ans pour qu'un empire s'y soit formé, le pre-

---

1. Chronologie de M. Eugène Genoude, en tête de sa traduction de la Bible. Paris, 1821. I, préface, p. LXI.

mier roi d'Égipte n'aurait pu commencer à régner que l'an 1998, et il en serait de même dans tous les autres pays du monde, et conséquemment à la Chine. Or, en calculant les dinasties successives données d'après Manéthon, par Jules Africain et Eusèbe, Menès, premier roi d'Égipte, a commencé à régner l'an cinq mille six cent trente-neuf avant notre ère [1]. D'un autre côté le père Amiot, missionaire à la Chine, nous donne comme incontestable l'histoire de ce grand royaume [2] commençant l'an deux mille six cent trente-sept avant notre ère, l'an 61 du règne d'Hoang-ti, qui date conséquemment de l'an 2698. Fo-hi et Chin-nong ont régné avant lui. On voit combien ces dates sont peu d'accord avec les nôtres, et l'on comprend le dédain avec lequel l'empereur de

1. On en trouvera le tableau dans un ouvrage qui sera publié après cette préface.

2. Mémoires concernant l'histoire des Chinois. Paris, 1788. XIII, 234.

la Chine écouta les assertions du voyageur arabe.

Nous sommes personellement sans histoire dans ces tems reculés. Nous n'avons pas de souvenirs plus anciens que l'époque du déluge. Nous ne sommes donc pas frappés par les mêmes motifs ; mais il nous est facile de les comprendre dans la bouche d'hommes aussi supérieurs qu'Hérodote et Platon, ainsi que dans celle d'un empereur chinois antérieur aux deux conquêtes des Tartares, et conséquemment familier avec les antiquités de son pays comme avec celles des Indiens dont il vantait la sagesse.

Quant à celles de l'Égipte, notre Institut du Caire a été à portée de les juger par ce qui nous en reste. Les membres qui le composaient ont aisément reconnu combien le peuple qui a su construire de tels monumens est antérieur, par son histoire, à tous les évènemens postérieurs au déluge, qu'on voudrait nous faire considérer comme universel.

CHAPITRE SEPTIÈME.

Il faut apprendre l'antiquité chez les Anciens.

Rapportons-nous-en aux Anciens pour l'histoire ancienne. Sans doute nous ne sommes pas obligés d'admettre comme vraies toutes les mithologies des peuples qui, ne connaissant pas l'écriture, n'avaient que des traditions confuses conservées dans des chansons ou des poésies liriques, telles que celles qui sont attribuées à Ossian. Mais lorsque cet art sublime de peindre la pensée aux ieux, a été répandu, l'histoire est devenue plus raisonnable, elle mérite notre confiance, si elle est rédigée par des hommes tels que Moïse, Confucius, Hérodote, Thucidides et Xénophon. Les Mithologies elles-mêmes ne sont pas sans intérêt. A travers quelques récits absurdes, quelques métaphores presque inintelligibles, on distingue assez souvent d'importantes vérités. Il est surtout curieux d'observer la marche qu'a suivie la civilisation dans les différentes contrées, et le point auquel elle était parvenue lorsque l'histoire a commencé. Il faut s'efforcer de connaître le genre d'écriture qu'a choisi la nation, et les ouvrages qu'elle a produits. Cette connaissance mettra sur la trace des progrès successifs de l'esprit humain. Quelquefois il rétrograde au lieu d'avancer. Nous croyons assez généralement que les mœurs de ces tems reculés sont bien différentes de celles d'aujourd'hui, et cela n'est nullement vrai. Dans nos voyageurs les plus modernes, nous lisons les descriptions des pays sauvages qui existent encore aujourd'hui; cette lecture, faite avec attention, nous étonnera, lorsque nous repasserons dans notre esprit ce que nous disent les histoires. Nous serons surpris, par exemple, de trouver en Asie des peuples aussi sauvages qu'ont pu l'être les nations les plus anciennes dans les pays

mêmes qui ont été les plus civilisés. Il suf-
fira de lire pour s'en convaincre le voyage
de M. Burnes [1] qui a remonté le fleuve
Indus jusqu'aux sources des sept rivières
par le confluent desquelles il est formé.
Ce voyageur est même descendu ensuite
jusqu'à la mer Caspiène. Il n'a rencontré
dans cette longue route qu'une suite de
peuples presque sauvages, dont le dernier,
la nation des Turcomans, ne vit que du
commerce des hommes que ce peuple en-
lève dans la Perse pour les vendre dans la
Boukharie. Les Persans ne sont pas assez
forts pour se garantir de cet horrible fléau.
C'est ainsi que l'ancien berceau de notre
civilisation se trouve aujourd'hui changé
en un séjour de bêtes féroces à figures
humaines. C'est ainsi qu'un climat qui,
selon nos observateurs publicistes, était si

1. Voyages de l'embouchure de l'Indus, à Lahor,
Caboul, Balk, et à Boukhara, et retour par la Perse, par
M. Alexandre Burnes; traduit par J.-B.-B. Eyriès. Paris,
1835. 3 vol. in-8°.

favorable au perfectionnement de l'organi-sation sociale, est devenu celui de la patrie du peuple le plus sauvage, d'un peuple de marchands de chair humaine. Aussi Bodin et Montesquieu n'ont pu donner ce principe que comme concou-rant à la formation de la société, mais non pas comme déterminant tout-à-fait le mode de cette organisation. Au reste on peut trouver une analogie entre l'état ancien et l'état moderne : c'est que le des-potisme absolu y est toujours établi. Mais il l'est sur des surfaces peu étendues, au lieu de l'être dans un grand empire comme il l'a été autrefois. Il conserve les habitudes prises dans ce grand empire. La supersti-tion y est toujours extrême, ainsi que l'inégalité des castes. L'influence du climat peut donc être soutenue avec quelque avantage. C'est en remontant aux tems les plus reculés, en comparant le passé au présent, que l'on pénètrera dans les mistères de l'avenir. On voit par cet

exemple que l'histoire des tems anté-
diluviens ne sera nullement inutile à la
connaissance de l'homme, science dont
l'importance a frappé tous les bons esprits.
Madame de Staël l'a parfaitement compris
lorsqu'elle a dit [1]:

« L'antiquité inspire une curiosité insa-
« tiable. Les érudits qui s'occupent seule-
« ment à recueillir une collection de noms
« qu'ils appellent l'histoire, sont sûrement
« dépourvus de toute imagination. Mais
« pénétrer dans le passé, interroger le
« cœur humain à travers les siècles, saisir
« un fait par un mot, et le caractère et les
« mœurs d'une nation par un fait, enfin
« remonter jusqu'aux tems les plus reculés,
« pour tâcher de se figurer comment la
« terre, dans sa première jeunesse, appa-
« raissait aux regards des hommes, et de
« quelle manière ils supportaient alors ce

1. Corinne ou l'Italie, troisième édition. Paris, 1807.
Tome II, p. 204 et 205.

« don de la vie, que la civilisation a tant
« compliqué maintenant; c'est un effort
« continuel de l'imagination, qui devine
« et découvre les plus beaux secrets que
« la réflexion et l'étude puissent nous
« révéler. »

CHAPITRE HUITIÈME.

Difficultés de la langue hébraïque.

L'imagination sera donc occupée dans
le travail que j'entreprends. Mais l'étude
doit toujours la diriger. Malgré mon éloi-
gnement pour les discussions, j'ai cru
devoir détailler plusieurs de mes preuves
pour établir l'exactitude ou du moins
la probabilité de mes assertions. Ces détails pourront n'être pas toujours agréables
à lire, et j'ai cru même autrefois qu'à
l'exemple de plusieurs auteurs célèbres, on

pouvait se passer de citations [1]. Mais quand on remonte à des tems aussi éloignés, quand on est obligé de combattre une opinion devenue en quelque sorte religieuse, et conséquemment toujours respectable, il faut nécessairement démontrer jusqu'à l'évidence la vérité que l'on veut établir. Il est d'autant plus difficile d'y parvenir, que ces opinions nous ont été inculquées dans l'enfance comme pour devenir un principe de notre conduite. Je reconnais donc que mon entreprise est presque téméraire. Mais à l'âge auquel je suis parvenu, étant déjà plus qu'octogénaire, on n'a d'autre intérêt que celui de la vérité qui seule peut nous faire parler, au risque de troubler un repos devenu si nécessaire pour nous. Si l'on veut propager la religion chrétienne, ce ne sera pas en imposant aux étrangers des croyances

1. Préface de la Vie de Xénophon, p. vii. Paris, an iii de la république.

historiques dont leurs annales prouvent l'inexactitude en ce qui les concerne. Ils ont leur foi comme nous avons la nôtre, et plusieurs ont des monumens que nous ne pouvons produire pour celle que nous avons adoptée, obligés de puiser nos croyances dans des monumens qui, à proprement parler, ne sont pas les nôtres. En laissant donc de côté, non pas nos traditions d'ailleurs si respectables, mais le sens exagéré qu'on a voulu leur donner, nous ferons voir bien plus facilement que notre religion peut être conciliée avec les unes comme avec les autres. Nous aurons ainsi une difficulté de moins à vaincre pour inculquer les grandes vérités que nous voulons faire adopter, et qui, ainsi détachées d'accessoires inutiles, ne pourront plus être contestées. Laissons les Chinois remonter plus haut que nous par leurs connaissances historiques, et nous parviendrons plus facilement à leur faire recevoir nos dogmes. Nous ferons cesser ainsi les disputes chronologiques élevées entre les Jésuites et les Dominicains, si hérissées de difficultés [1], que Rome n'a pas voulu prononcer : elle a dit avec raison : *Mundum tradidit disputationi eorum;* c'est-à-dire que la religion est entièrement étrangère aux calculs de nos diverses chronologies.

Quelle est cette manie de vouloir faire croire au monde entier que nous seuls savons l'histoire du monde; que Dieu nous a donné le privilége exclusif de connaissances qui nous étaient parfaitement

---

1. Si l'on veut prendre connaissance de cette matière, on pourra lire : 1° l'Antiquité des temps rétablie et défendue contre les Juifs et les nouveaux chronologistes. Paris, 1687, in-4°; 2° Défense de l'antiquité des temps, où l'on soutient la tradition des Péres et des deux églises, contre celle du Talmud, et où l'on fait voir la corruption de l'hébreu des Juifs, par le P. dom Paul Pezron, religieux de l'étroite observance de l'ordre de Cîteaux, et docteur en théologie de la Faculté de Paris, in-4°; 3° l'Antiquité des temps détruite, ou Réponse à la Défense de l'antiquité des temps, par le P. Lequien. Paris, 1693, *petit in-12.*

inutiles à l'époque où nous plaçons nos premiers livres? Ces premiers livres ne sont pas même écrits dans notre langue; ils ont été composés en hébreu, langue qui n'a été bien comprise que par un petit nombre d'hommes. L'écriture en est souvent amphibologique parce qu'elle n'est pas ponctuée, et que les voyelles y sont omises. L'ancienne langue des Hébreux était déjà méconnue du tems d'Esdras, c'est-à-dire vers l'an 453 avant notre ère. En effet on lit dans le second livre d'Esdras [1] :

« Les Juifs épousaient les femmes d'Azot,
« des Ammonites et des Moabites, et leurs
« enfans parlaient à demi la langue d'Azot,
« et ne savaient plus parler la langue juive,
« et ils parlaient selon la langue des deux
« peuples. »

La langue d'Azot, ville célèbre par son temple de Dagon, et capitale des Philis-

r. XIII, 23 et 24.

tins qu'il ne faut pas confondre avec les Phéniciens, était donc tellement différente de l'hébreu, que le simple mélange de cette langue avec l'hébreu formait un langage inintelligible pour les Juifs.

Les Grecs ont voulu les premiers avoir connaissance de nos livres sacrés. Ils les ont traduits, et la fidélité de cette traduction est constatée par l'usage exclusif qu'en ont fait nos quatre évangélistes. On a même attaché à sa composition des circonstances miraculeuses admises par saint Augustin. Cependant quelques passages de cette version offrent des difficultés. Par exemple, saint Jérôme et saint Augustin, qui croyaient à un déluge universel, étaient bien surpris d'y trouver que Mathusalem, qui n'était pas dans l'arche, avait vécu quatorze ans après le déluge [1]. On voit

[1]. L'Art de vérifier les dates, avant l'ère chrétienne. Paris, 1819. Édition in-8°. I, 299. On peut voir sur ce sujet, la Cité de Dieu, par saint Augustin, livre XV, chap. 13 et 14. Il croit que nous devons plutôt nous en

que cette différence avec le texte hébreu est importante, et il y en a d'autres qui ne le sont guère moins.

CHAPITRE NEUVIÈME.

La Bible n'est pas inspirée pour la chronologie.

Saint Jérôme, mécontent de la version des Septante, s'est cru obligé de composer une traduction latine sur le texte hébreu, dont la chronologie est inconciliable avec cette version. Nos traductions modernes ne sont pas non plus les mêmes pour les protestans et pour nous. Les protes-

tenir au texte hébreu qu'à la version des Septante ; mais le texte hébreu ayant été brûlé lors de la prise de Jérusalem par Titus, les Juifs n'ont donné à saint Jérôme qu'un texte hébreu , vérifié après la prise de Jérusalem , sur des copies qui n'avaient pas la même authenticité ; au contraire, la version des Septante n'a subi aucune altération dans la sinagogue d'Alexandrie.

tans s'attachent au texte hébreu qui prête à beaucoup d'interprétations diverses, et leur laisse plus de latitude; nous préférons la version latine désignée sous le nom de Vulgate, et approuvée par le pape Sixte V. Mais cette version n'est qu'une interprétation très moderne, moins autorisée que celle des Septante que nous ne rejetons pas malgré la différence des chronologies.

Où découvrir la véritable inspiration divine au milieu de ces diversités? La religion chrétienne doit-elle être modifiée d'après nos disputes sur ces livres hébreux compris si imparfaitement, et dont le texte même est incertain, du moins pour la connaissance des tems? N'est-il pas plus raisonnable de ne pas attacher une si grande importance à la parfaite intelligence de ces livres, non pas pour la doctrine qui ne doit laisser aucun doute dans l'esprit, mais pour l'étude des sciences qui ne devaient pas être le véritable objet de ces écrits. Ils ne contiennent point les principes de la géographie ni ceux de la chronologie, ni enfin ceux de l'histoire universelle. Il n'y est question que d'un peuple très peu nombreux qui n'a aucun droit d'imposer aux autres nations les croyances qu'il pouvait avoir. Le privilége auquel il prétendait, d'être l'objet principal de l'attention de Dieu, ne peut être admis par les autres peuples. Dieu n'avait aucune raison d'avoir pour les Juifs une bonté si exclusive. En effet, ils se sont rendus coupables du plus grand crime qui ait jamais été commis puisque, selon nos croyances, ils ont osé infliger à Dieu lui-même, dans la personne de son fils, le supplice le plus ignominieux.

Ces observations me semblent extrêmement claires. Elles paraîtront cependant peut-être trop hardies à ceux qui ne se permettent pas la moindre réflexion sur les matières religieuses, et qui exigent des fidèles une croyance entièrement aveugle.

Mais Jésus-Christ lui-même [1] veut que nous ne nous laissions pas séduire par de faux prophètes qui nous parleront au nom de Dieu. La raison doit donc éclairer notre foi. C'est ainsi que les prétendus miracles du diacre Pâris, qui avaient trompé tant d'hommes crédules, et entre autres un conseiller au parlement de Paris [2], furent condamnés comme prêtant leur appui à une fausse doctrine; on a même dit que les partisans de ces miracles avaient contribué à détruire la religion catholique en France [3].

1. Évangile selon saint Mathieu, VII, 15. « Gardez-« vous des faux prophètes qui viennent à vous, couverts de « la peau des brebis, et au dedans, ce sont des loups « ravissants. »

2. Carré de Montgeron publia trois volumes sur la vérité des miracles du diacre Pâris; le premier en 1737 ; le second en 1741, et le troisième en 1748. Il a trouvé un défenseur dans les SUFFRAGES en faveur de M. de Montgeron, 1749, in-12. Depuis encore il a paru un ABRÉGÉ des trois volumes de Montgeron, sur les miracles de M. de Pâris, 1799, trois volumes in-12.

3. Voyez l'article MONTGERON, dans la Biographie

Il faut nécessairement examiner les difficultés, afin de les résoudre lorsqu'elles sont opposées par des incrédules. Il serait sans doute plus court de ne pas en prendre connaissance. L'usage des mahométans peu éclairés est de nous injurier, de nous cracher au visage et de nous couper la tête lorsqu'ils nous rencontrent, et sur la simple inspection de celui qu'ils appellent **un** *giaour*, un infidèle. C'est ce que font encore aujourd'hui les Arabes en Afrique [1], et notre intention n'est certainement pas de les prendre pour modèles. Ce n'est pas la morale de notre Évangile dont la charité est le premier enseignement (*art.* 11).

universelle. Le Dictionnaire de Feller, aux articles Paris et Montgeron, maltraite beaucoup les docteurs de cette secte, qu'il dit avoir détruit la religion catholique en France.

1. Comme on le voit dans la relation de M. de France. Lisez l'ouvrage curieux, intitulé : Les prisonniers d'Abd-el-Kader, ou Cinq mois de captivité che les Arabes. Paris, 1837.

Il est donc plus simple d'écarter toutes ces difficultés, en n'érigeant point en dogmes ce qui n'importe nullement à la religion. Quelle nécessité y a-t-il de prescrire une foi aveugle pour une histoire qui n'a été destinée qu'aux Juifs, du moins au tems de sa composition? A qui pouvons-nous faire lire, par exemple, du moins dans nos maisons d'éducation, l'histoire de Loth et de ses deux filles [1]? Celle du roi David et de Bethsabée [2], celle de Salomon et de ses concubines [3], sont-elles plus édifiantes? Aussi ce n'est pas sans raison que la lecture de la Bible a été interdite [4], et que d'habiles écrivains en ont composé des extraits

1. Genèse, chap. 19.

2. Second livre des Rois, chap. 11.

3. Troisième livre des Rois, chap. 11.

4. Cette interdiction est cependant combattue comme contraire à une tradition constante dans l'Église chrétienne, par un curé catholique, dans l'ouvrage intitulé: Extrait sur la nécessité et l'utilité de la lecture de la sainte Bible tirés des saints Pères et autres écrivains catholiques. Bruxelles, 1820.

qui peuvent être distribués et enseignés aux jeunes personnes des deux sexes.

Si donc certains passages de la Bible ne peuvent être lus par tout le monde, comment voudrait-on soutenir qu'elle a été inspirée par Dieu lui-même pour être étudiée dans tous les lieux et dans tous les tems? Il est évident que ce livre a été composé pour un peuple peu nombreux et peu éclairé, en sorte qu'il ne faut pas se flatter d'y trouver les principes de toutes les sciences, ni une histoire universelle.

CHAPITRE DIXIÈME.

Il existe une histoire des tems anté-diluviens.

Si Moïse avait voulu nous enseigner l'histoire du monde entier, il nous aurait dit quelque chose des commencemens du royaume d'Égipte où les Juifs avaient séjourné si long-tems. Lorsqu'il parle de toute la terre, on doit évidemment comprendre qu'il ne parle que de la terre où il voulait ramener les Juifs, la seule qui intéressât les peuples auxquels il s'adressait. Aujourd'hui même que les communications sont plus faciles, nous serions fort embarrassés de nous assurer qu'un évènement est arrivé dans toute la terre. Une grande partie de notre globe nous est encore inconnue. Ce serait une absurdité que de supposer qu'on a pu acquérir cette certitude du tems de Moïse. D'ailleurs à quoi servait-il que Dieu donnât cette connaissance aux Juifs? La punition infligée à la famille ou à la tribu de Noé, n'était due qu'aux crimes de cette tribu. Dans quel but Dieu aurait-il violé toutes les lois de la nature pour l'étendre à la totalité de notre globe? Il est fâcheux d'avoir à répondre à de telles croyances qui n'ont pu nous être inculquées que dans l'enfance, lorsque nous ne savions pas même ce que c'était que la terre. Il est malheureux de se voir obligé d'employer à combattre l'erreur un tems qui serait rempli si utilement par la recherche de la vérité. J'éviterai ces discussions autant que cela me sera possible, et je me réduirai à de simples récits sur lesquels je m'efforcerai de répandre quelque intérêt. L'importance de mon sujet est hors de doute. L'Académie des Sciences, par l'organe de la géologie, démontre l'antiquité de notre globe. Il est tems que l'Académie des Inscriptions, par l'organe de l'histoire, joignant sa voix à celle des Cuvier, des Élie de Beaumont, des Brongniart, et de tant d'autres Savans, proclame cette même antiquité. M. Cuvier admettait et démontrait l'antiquité du globe terrestre; il niait celle des hommes parce qu'il ne trouvait pas d'os humains fossiles. Je ne discuterai pas ici ce dernier fait, que d'autres faits ont démenti depuis. Mais j'observerai que M. Cuvier n'expliquait pas comment, dans le sistème de la Genèse pris à la lettre, la terre, qui avait été créée pour l'homme, avait existé si long-tems sans hommes.

M. de Châteaubriand, frappé sans doute de cette vérité, l'a exposée avec son éloquence ordinaire. « La terre, » dit-il [1], « est une vieille nourrice, dont tout annonce la caducité. Examinez ses fossiles, « ses marbres, ses granits, ses laves, et « vous y lirez ses années innombrables, « marquées par cercle, par couche ou par « branche, comme celles du serpent à sa « sonnette, du cheval à sa dent, du cerf à « ses rameaux. »

Il semble qu'une difficulté si bien exposée devait embarrasser l'habile écrivain qui se la fesait à lui-même. « Point du « tout, » répond-il; «Dieu a dû créer et a « sans doute créé le monde avec toutes les « marques de vétusté et de complément « que nous lui voyons. »

1. Génie du christianisme, partie I, liv. IV, ch. 5.

J'avoue que cette réponse purement évasive me paraît à peine pouvoir être faite sérieusement. Quelle nécessité en effet de créer des houilles, des charbons, des lits de coquilles, des os et des arbres pétrifiés, pour faire illusion à une famille humaine qui n'avait aucun besoin de tout cela?

M. Brongniart a lu un discours très remarquable dans une séance publique de l'Académie des Sciences [1], où, après avoir décrit les trois couches indiquées par la géologie, et les avoir fait remonter à l'antiquité d'un grand nombre de siècles, il a cependant soutenu que tous ces mondes imparfaits n'avaient été créés que pour préparer en quelque sorte le globe terrestre à nous servir d'habitation.

Ce développement très ingénieux du système de M. de Châteaubriand ne peut satisfaire complètement notre esprit. Nous

1. Le 11 septembre 1837.

jugerons-nous en effet dignes d'aussi longs préparatifs? Et circonscrirons-nous ainsi le pouvoir de Dieu, de manière à nous persuader qu'il a besoin d'un tel délai pour disposer la terre à devenir notre demeure? C'est ce qui ne me semble pas pouvoir être admis. J'aime mieux M. Geoffroi de Saint-Hilaire qui, après avoir entendu son savant confrère, fait l'aveu suivant [1] :

« Qui sait quelque chose sur ces suppu-
« tations conjecturales? La vérité du fait,
« c'est que nous ignorons entièrement ce
« qui peut être; c'est dans le doute qu'il
« faut finalement se renfermer. »

La géologie n'est donc pas plus avancée que l'histoire lorsqu'il s'agit d'établir une date précise pour le commencement du monde. Mais cependant les tems anté-diluviens ne sont nullement inconnus. Ils ont

1. Comptes rendus de l'Académie des Sciences pour 1837, p. 369.

à la Chine et en Égipte une chronologie qui m'a paru bien démontrée. C'est ce que j'essaierai de prouver dans cet ouvrage.

Sans doute la connaissance de l'ancien monde n'est pas facile à acquérir. Mais je la crois nécessaire ou du moins très utile pour la connaissance du nouveau. On y a la liberté d'examiner la nature et la suite des évènemens sans être arrêté par des considérations qu'il faut absolument avoir dans l'histoire moderne, au moins en certaines occasions; on peut observer sans inconvéniens la naissance, les progrès et la dissolution des empires. On y apprend ainsi par une vieille expérience ce qu'il faut faire pour accroître les avantages de la civilisation, pour éviter le dépérissement vers lequel tendent les anciennes institutions, enfin pour découvrir les moyens de conserver et d'augmenter le bonheur de notre société.

FIN.

TABLE
DES MATIÈRES.

OBSERVATION.

Si la chronologie de la Bible devait être infaillible, ce serait surtout dans nos Évangiles, où il n'est question que de la vie de Jésus-Christ ; une seule date s'y trouve pour l'époque de sa naissance, et elle est généralement reconnue fautive, même à Rome, ainsi que cela est suffisamment prouvé dans la petite brochure jointe à celle-ci.

Cette date a peut être été mal rectifiée par le moyen de simples conjectures. Il serait plus naturel et plus logique de s'en rapporter à l'Évangile de saint-Jean (VIII, 57), où les Juifs disent à Jésus-Christ : « Tu n'as pas encore « cinquante ans et tu as vu Abraham. » Ce passage de saint Jean est confirmé par saint Irénée, *de Christo, lib. II, cap.* 39. On comprendra facilement que le copiste de saint Luc a substitué un chiffre à un autre, erreur très fréquente dans les manuscrits, tandis qu'il serait difficile de comprendre comment un chiffre aurait été entièrement omis dans une copie.